# CONTENIDO/ CONTENT

**CAPÍTULO/ CHAPTER**

## 01

Tortas/ Cakes

**CAPÍTULO/ CHAPTER**

## 02

Muffins

**CAPÍTULO/ CHAPTER**

## 03

Galletas/ Cookies

# CONTENIDO/ CONTENT

# 01

## Tortas/ Cakes

# Torta de zanahoria
# [ Carrot cake ]

## INGREDIENTES/ INGREDIENTS

- 1 Taza de avena en hojuelas.
- 1/2 Taza de harina de almendras.
- 1/2 Taza de azúcar de coco.
- 2 Huevos.
- 1/4 Taza de bebida vegetal o leche.
- 1 zanahoria mediana rallada.
- Esencia de vainilla al gusto.
- 2 Cditas de canela en polvo.
- 1/2 Cdita de bicarbonato de sodio.
- 1/2 Cdita de polvo de hornear.
- Trozos de nueces y uvas pasas.

## INGREDIENTES/ INGREDIENTS

- 1 Cup of oat flakes.
- 1/2 Cup almond flour.
- 1/2 Cup coconut sugar.
- 2 Eggs.
- 1/4 Cup vegetable drink or milk.
- 1 Medium carrot, grated.
- Vanilla essence to taste.
- 2 Teaspoons of cinnamon powder.
- 1/2 Teaspoon of baking soda.
- 1/2 Teaspoon baking powder.
- Pieces of walnuts and raisins.

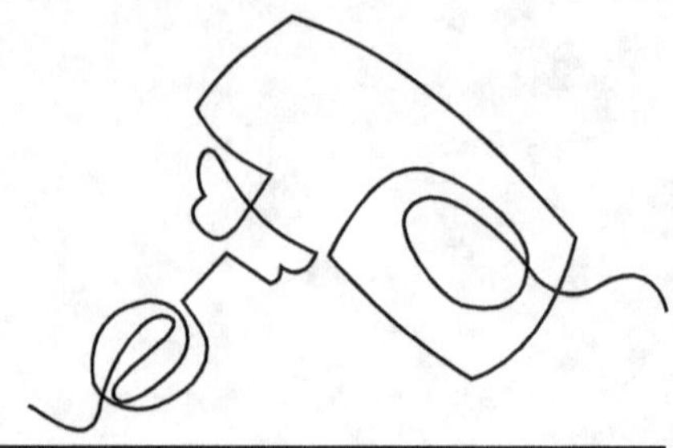

## PROCESO

1. Precalentar el horno a 180° C.
2. En un bol mezclar los ingredientes húmedos.
3. En un bol aparte mezclar los ingredientes secos.
4. Incorporar los secos a los líquidos.
5. Añadir la zanahoria rallada a la mezcla.
6. Hornear 45 min aproximadamente.
7. Dejar enfriar sobre una rejilla.

- Colócale una cobertura de yogurt griego con queso crema, vainilla y endulzante al gusto.

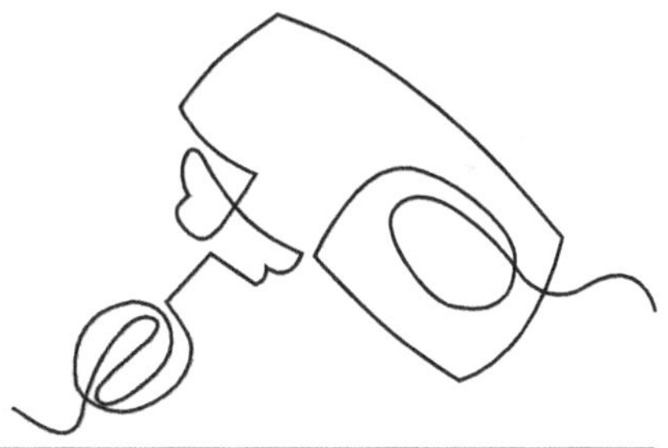

## PROCESS

1. Preheat the oven to 180° C.
2. In a bowl mix the wet ingredients.
3. In a separate bowl mix the dry ingredients.
4. Incorporate the dry ingredients into the liquids.
5. Add the grated carrot to the mixture.
6. Bake for approximately 45 minutes.
7. Let cool on a wire rack.

- Top with Greek yogurt topping with cream cheese, vanilla and sweetener to taste.

# Torta de vainilla
# [ Vanilla cake ]

## INGREDIENTES/ INGREDIENTS

- 30 gr de estevia.
- 40 gr de harina de arroz.
- 80 gr de harina de almendras.
- 20 gr de polvo de hornear.
- 20 gr de aceite de coco derretido.
- 8 Huevos.
- 1 Pizca de sal.

---

- 30 gr of stevia.
- 40 gr of rice flour.
- 80 gr Almond flour.
- 20 gr Baking powder.
- 20 gr of melted coconut oil.
- 8 Eggs.
- 1 Pinch of salt.

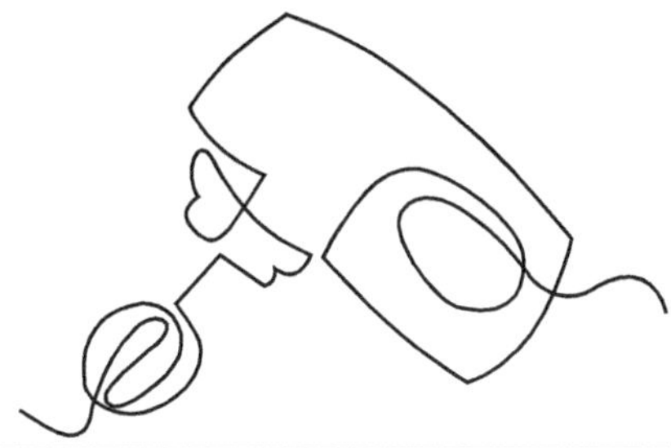

## PROCESO

1. Precalentar el horno a 180° C.
2. Colocar en un bol 4 huevos completos y 4 yemas.
3. Colocar las 4 claras sobrantes en otro bol con la pizca de sal. Reservar.
4. Batir los huevos, agregar la estevia e integrar bien (batir con maquina aproximadamente 4 min).
5. Incorporar el aceite.
6. Incorporar poco a poco la harina de almendras, la harina de arroz y el polvo de hornear.
7. Agregar 1/2 cdita de esencia de vainilla.
8. Montar las claras.
9. Incorporar las claras a la mezcla con una espátula y movimientos envolventes.
10. Colocar en el molde y hornear a 180° C por 30 min aproximadamente.

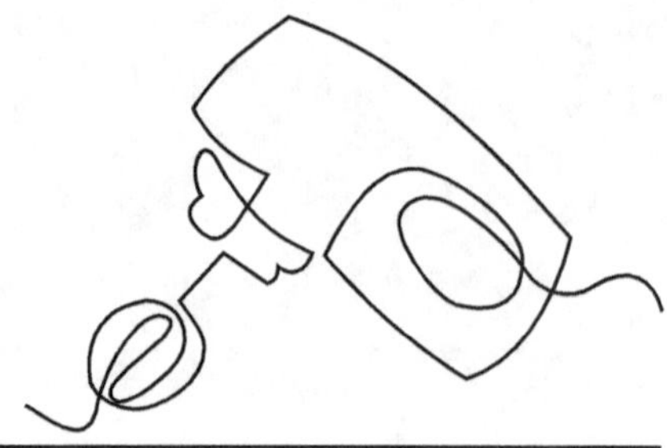

## PROCESS

1. Preheat the oven to 180° C.
2. Place 4 whole eggs and 4 yolks in a bowl.
3. Place the 4 remaining egg whites in another bowl with the pinch of salt. Set aside.
4. Beat the eggs, add the stevia and integrate well (beat with a mixer for approximately 4 minutes).
5. Add the oil.
6. Gradually stir in the almond flour, rice flour and baking powder.
7. Add 1/2 teaspoon of vanilla essence.
8. Whip the egg whites.
9. Incorporate the egg whites into the mixture with a spatula and wrapping movements.
10. Place in the mold and bake at 180° C for approximately 30 minutes.

## INGREDIENTES/ INGREDIENTS

- 1 Taza de harina de almendras.
- 1 Taza de harina de avena.
- 2 Cditas de polvo de hornear.
- 1 Pizca de sal.
- 3 Huevos.
- 1/4 Taza de sirope de maple o endulzante.
- 1/4 Taza de aceite de coco derretido.
- 1/2 Taza de zumo de naranja.
- Zumo de 1/2 limón.
- Ralladura de las cáscaras de las dos naranjas.
- Vainilla.

# INGREDIENTES/ INGREDIENTS

- 1 Cup of almond flour.
- 1 Cup oat flour.
- 2 Teaspoons baking powder.
- 1 Pinch of salt.
- 3 Eggs.
- 1/4 Cup maple syrup or sweetener.
- 1/4 Cup melted coconut oil.
- 1/2 Cup orange juice.
- Juice of 1/2 lemon.
- Zest from the peels of two oranges.
- Vanilla.

## PROCESO

1. Precalentar el horno a 180° C.
2. Batir los huevos y agregar la vainilla y el sirope o endulzante.
3. Agregar el aceite y los zumos de naranja y limón.
4. Tamizar los ingredientes secos e incorporarlos bien rápidamente.
5. Añadir la ralladura de naranja.
6. Hornear por 30/ 40 min aproximadamente,  o hasta hacer la prueba del palillo y que éste salga seco.
7. Esperar unos minutos antes de desmoldar.
8. Dejar enfriar completamente sobre una rejilla.

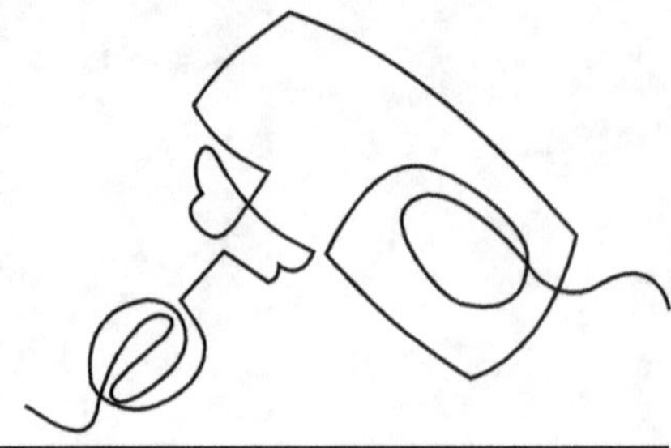

## PROCESS

1. Preheat the oven to 180° C.
2. Beat the eggs and add the vanilla and syrup or sweetener.
3. Add the oil and the orange and lemon juices.
4. Sieve the dry ingredients and incorporate them quickly.
5. Add the orange zest.
6. Bake for approximately 30/ 40 minutes, or until the toothpick test comes out dry.
7. Wait a few minutes before unmolding.
8. Let cool completely on a wire rack.

# Torta de chocolate
## [ Chocolate cake ]

## INGREDIENTES/ INGREDIENTS

- 180 gr de harina de avena.
- 90 gr de harina de almendras.
- 190 gr de yogur natural.
- 180 ml de bebida vegetal o leche.
- 90 gr de aceite de oliva.
- 60 gr de cacao en polvo.
- 4 Huevos.
- 10 gr de polvo de hornear.
- 100 gr de estevia/ eritritol.

---

- 180 gr of oat flour.
- 90 gr of almond flour.
- 190 gr Natural yogurt.
- 180 ml of vegetable drink or milk.
- 90 gr of olive oil.
- 60 gr Cocoa powder.
- 4 Eggs.
- 10 gr of baking powder.
- 100 gr of stevia/erythritol.

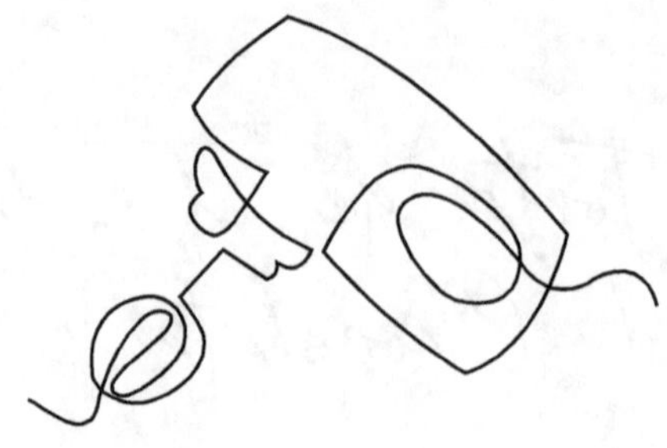

## PROCESO

1. Precalentar el horno a 180°C con calor arriba y abajo.
2. En un bol mezclar los ingredientes secos tamizados: harina de avena y almendra, cacao y polvo para hornear.
3. En otro bol mezclar los huevos, el aceite de oliva, lecheo bebida vegetal, el yogur y el endulzante.
4. Incorporar los ingredientes secos a la mezcla de los ingredientes húmedos.
5. Verter la mezcla en un molde engrasado.
6. Hornear a 180°C durante 1 hora y 10 minutos aproximadamente o hasta que al pincharlo con un palillo, este salga limpio.
7. Sacar del horno, dejar enfriar y desmoldar.

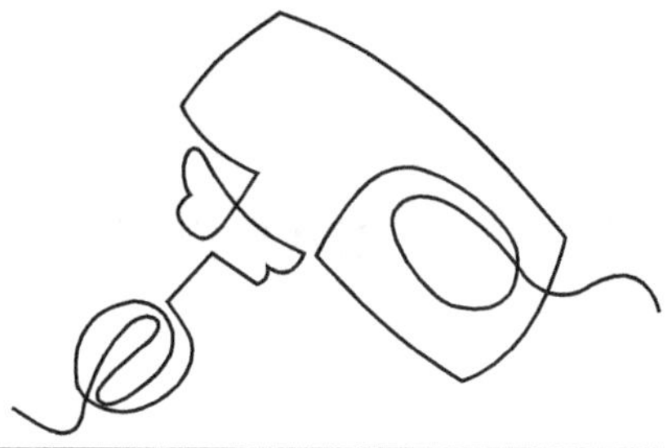

## PROCESS

1. Preheat the oven to 180°C with heat up and down.
2. In a bowl mix the sifted dry ingredients: oat and almond flour, cocoa and baking powder.
3. In another bowl mix the eggs, olive oil, milk or vegetable drink, yogurt and sweetener.
4. Add the dry ingredients to the wet ingredients mixture.
5. Pour the mixture into a greased baking pan.
6. Bake at 180°C for approximately 1 hour and 10 minutes or until a toothpick comes out clean.
7. Remove from the oven, let cool and unmold.

## *Muffins*

# Muffins de banana
## [ Banana muffins ]

---

## INGREDIENTES/ INGREDIENTS

- 3 Bananas maduras.
- 2/3 Taza de mantequilla de maní.
- 3 Huevos.
- 2/3 Taza de bebida vegetal o leche.
- 1 - 1/4 Taza de avena en hojuelas.
- 18 gr de canela en polvo.
- 1/2 Cdita de polvo para hornear.
- 1/2 Cdita de bicarbonato de sodio.
- 18 gr de endulzante - estevia.
- Chips de chocolate.
- 1 Pizca de sal.

# INGREDIENTES/ INGREDIENTS

- 3 Ripe bananas.
- 2/3 Cup of peanut butter.
- 3 Eggs.
- 2/3 Cup vegetable drink or milk.
- 1 - 1/4 Cup of oat flakes.
- 18 gr Cinnamon powder.
- 1/2 Teaspoon baking powder.
- 1/2 Teaspoon of baking soda.
- 18 gr of sweetener - stevia.
- Chocolate chips.
- 1 Pinch of salt.

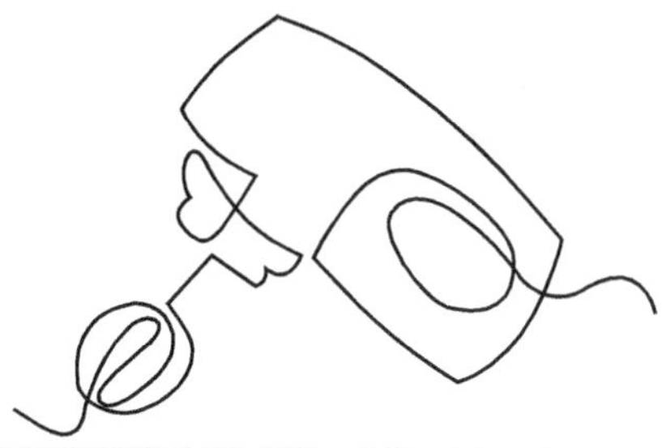

## PORCESO

1. Precalentar el horno a 180°C.
2. En un bol hacer puré las bananas.
3. Integrar la mantequilla de maní, los huevos y la bebida vegetal o leche.
4. Agregar la canela, la pizca de sal, el polvo de hornear y el bicarbonato.
Mezclar muy bien.
5. Integrar la avena en hojuelas.
6. Añadir los chips de chocolate [Al gusto].
7. Colocar la mezcla en los moldes (sin llenarlos hasta arriba) y decorar con chips de chocolate y mantequilla de maní.
8. Hornear por 20/ 25 min aproximadamente,  o hasta que hayan crecido y estén ligeramente dorados.
9. Esperar unos minutos antes de desmoldar.
10. Dejar enfriar completamente sobre una rejilla.

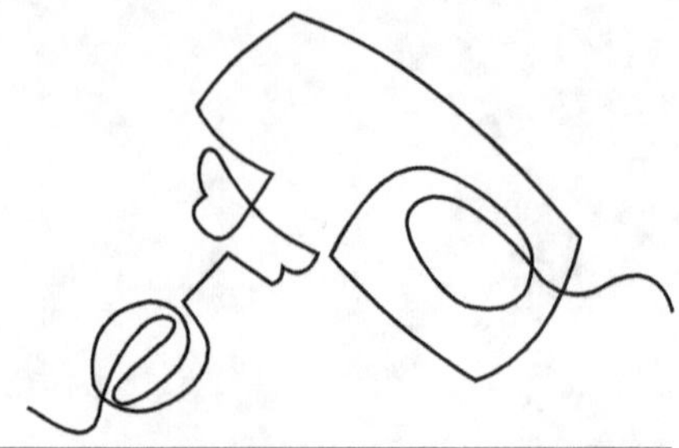

## PORCESS

1. Preheat the oven to 180°C.
2. In a bowl, mash the bananas.
3. Stir in the peanut butter, eggs and
vegetable drink or milk.
4. Add the cinnamon, pinch of salt, baking
powder and baking soda.
Mix very well.
5. Stir in the oat flakes.
6. Add the chocolate chips [To taste].
7. Spoon the mixture into the molds
(without filling them to the top) and garnish
with chocolate chips and peanut butter.
8. Bake for approximately 20/ 25 minutes, or
until they have risen and are lightly
browned.
9. Wait a few minutes before unmolding.
10. Let cool completely on a wire rack.

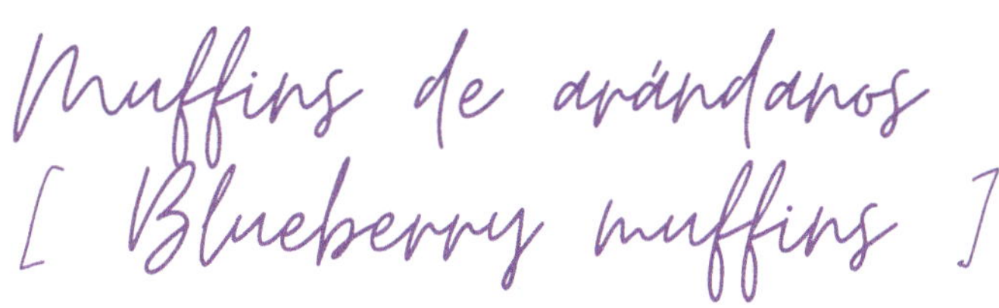

# Muffins de arándanos
# [ Blueberry muffins ]

## INGREDIENTES/ INGREDIENTS

- 2 Huevos.
- 60 ml de bebida vegetal/ leche.
- 1 - 1/2 Taza de harina de almendras.
- 1/2 Cdita de esencia de vainilla.
- 1 Cdita de polvo de hornear.
- 1 Pizca de sal.
- 1/4 Taza de endulzante - panela/ azúcar de coco - aproximadamente.
- Arándanos frescos.

---

- 2 Eggs.
- 60 ml of vegetable drink/milk.
- 1 - 1/2 Cup of almond flour.
- 1/2 Teaspoon vanilla essence.
- 1 Teaspoon of baking powder.
- 1 Pinch of salt.
- 1/4 Cup of sweetener - panela/ coconut sugar - approximately.
- Fresh blueberries.

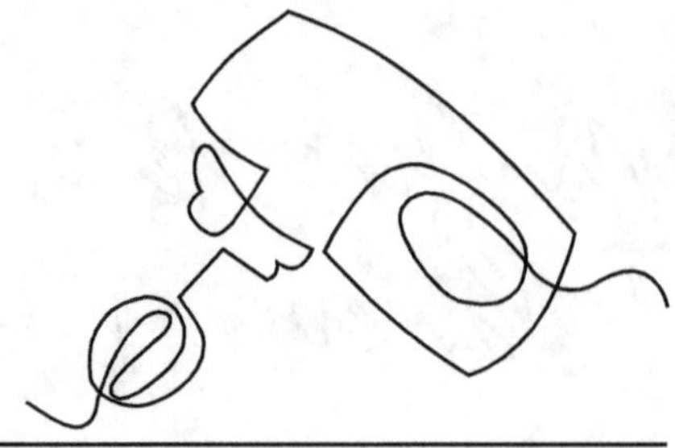

## PROCESO

1. Precalentar el horno a 180°C.
2. En un bol batir los huevos, la leche, la esencia de vainilla y el endulzante.
3. En un bol aparte integrar la harina de almendras con el polvo de hornear y la sal.
4. Agregar los líquidos a los secos y mezclar hasta que estén integrados.
5. Colocar la mezcla en los moldes (sin llenarlos hasta arriba) y agregar 3 o 4 arándanos frescos a cada uno de ellos.
6.  Hornear por 15/ 20 min aproximadamente,  o hasta que hayan crecido y estén ligeramente dorados.
7. Esperar unos minutos antes de desmoldar.
8. Dejar enfriar completamente sobre una rejilla.

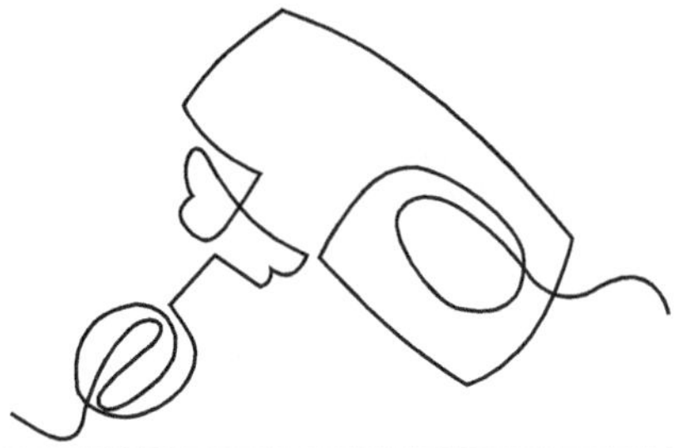

## PROCESS

1. Preheat the oven to 180°C.
2. In a bowl, beat the eggs, milk, vanilla essence and sweetener.
3. In a separate bowl, mix the almond flour with the baking powder and salt.
4. Add the liquids to the dry ingredients and mix until well blended.
5. Place the mixture in the molds (without filling them to the top) and add 3 or 4 fresh blueberries to each one.
6.  Bake for approximately 15/ 20 minutes, or until they have risen and are lightly browned.
7. Wait a few minutes before unmolding.
8. Let cool completely on a wire rack.

## INGREDIENTES/ INGREDIENTS

- 200 gr de harina de avena.
- 50 gr de harina de almendras.
- 120 gr de AOVE.
- 100 ml de bebida vegetal o leche.
- 4 huevos.
- Ralladura de 1/2 naranja.
- Ralladura de 1/2 limón.
- 10 gr de polvo para hornear.
- Stevia al gusto.

---

- 200 gr Oat flour.
- 50 gr of almond flour.
- 120 gr of olive oil.
- 100 ml of vegetable drink or milk.
- 4 Eggs.
- Grated zest of 1/2 orange.
- Zest of 1/2 lemon.
- 10 gr of baking powder.
- Stevia to taste.

## PROCESO

1. En un bol añadimos los ingredientes secos tamizados: harina de avena, harina de almendras y polvo para hornear.
2. En otro bol batir los huevos hasta que doblen su tamaño y queden esponjosos y aireados.
3. Sin dejar de batir, incorporar poco a poco la stevia, el aceite de oliva, la leche y las ralladuras.
4. Seguir batiendo e ir integrando poco a poco la mezcla de ingredientes secos, tratando de obtener una mezcla homogénea y sin grumos de harina.
5. Tapar el bol con papel film de tal forma que toque la mezcla y dejar en el refrigerador mínimo 1 hora.
6. Sacar la mezcla de la nevera y batir durante unos segundos.
7. Precalentar el horno a 200°C con calor arriba y abajo.

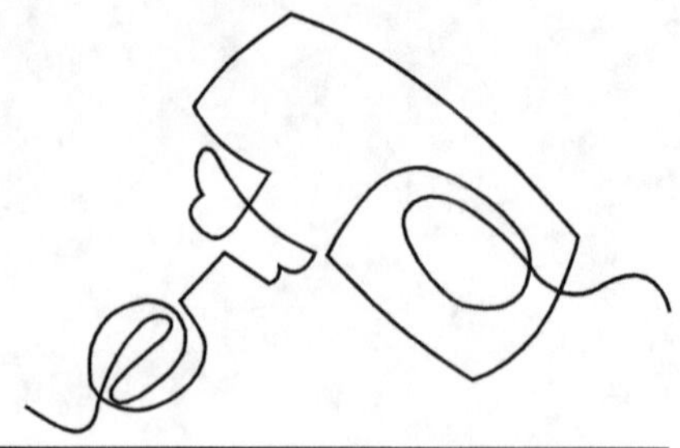

## PROCESO

8. Llenar los moldes con la mezcla hasta 3/4 partes de su capacidad.
9. Hornear 20 minutos a 200°C aproximadamente o hasta que al pincharlas con un palito, este salga limpio.
10. Dejar enfriar completamente sobre una rejilla.

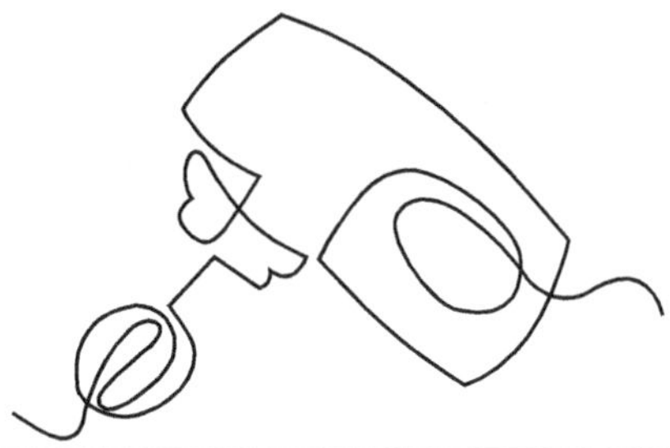

## PROCESS

1. In a bowl add the sifted dry ingredients:
oat flour, almond flour and baking powder.
2. In another bowl, beat the eggs until they
double in size and are fluffy and airy.
3. While continuing to beat, gradually stir in
the stevia, olive oil, milk and zest.
4. Continue beating and gradually
incorporate the mixture of dry ingredients,
trying to obtain a homogeneous mixture
without flour lumps.
5. Cover the bowl with plastic wrap so that it
touches the mixture and leave in the
refrigerator for at least 1 hour.
6. Remove the mixture from the refrigerator
and beat for a few seconds.
7. Preheat the oven to 200°C with heat up
and down.

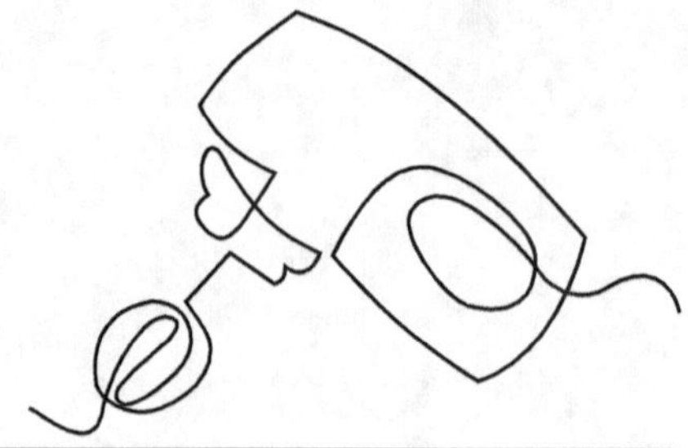

## PROCESS

8. Fill the molds with the mixture up to 3/4 of their capacity.
9. Bake for 20 minutes at approximately 200°C or until a toothpick comes out clean.
10. Cool completely on a wire rack.

# 03

## Galletas/ Cookies

# Galletas de avena
# [ Oatmeal cookies ]

## INGREDIENTES/ INGREDIENTS

- 1 ½ Taza de copos de avena.
- 1 Taza de harina de avena.
- ½ Cucharadita de bicarbonato de sodio.
- ½ Cucharadita de canela.
- ¼ Cucharadita de sal marina.
- 2 Huevos.
- 1 Cucharadita de vainilla.
- ⅓ Taza de azúcar de coco.
- ¼ Cucharada de aceite de coco, derretido y enfriado.
- ¼ de taza de jarabe de arce.
- ½ Taza de mini chips de chocolate.

# INGREDIENTES/ INGREDIENTS

- 1 ½ Cup of rolled oats.
- 1 Cup of oat flour.
- ½ tsp Baking soda.
- ½ tsp Cinnamon.
- ¼ tsp Sea salt.
- 2 Eggs.
- 1 tsp Vanilla.
- ⅓ Cup of coconut sugar.
- ¼ Tbsp of coconut oil, melted then cooled.
- ¼ Cup maple syrup.
- ½ Cup mini chocolate chips.

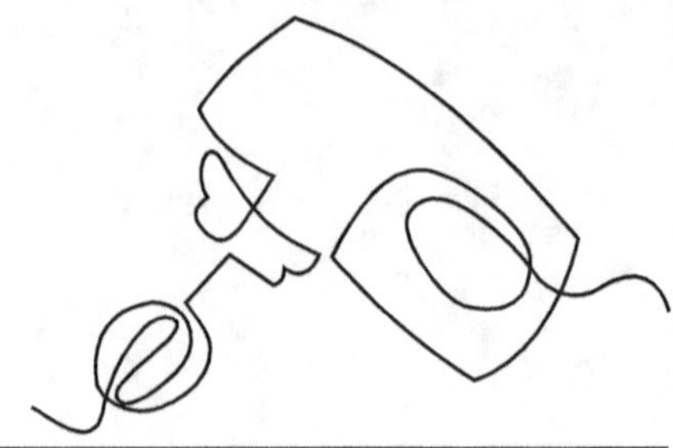

## PROCESO

1. Precalentar el horno a 180° C.
2. En un bol, mezclar la avena, la harina de avena, el bicarbonato de sodio, la canela y la sal marina hasta que estén bien incorporados; reservar.
3. Mezclar los huevos, la vainilla, el azúcar de coco, el aceite de coco y el sirope de arce en un bol aparte.
4. Incorporar lentamente la mezcla de harina al bol con los huevos, remover hasta que no queden grumos de harina.
5. Incorporar los trozos de chocolate.
6. Con una cuchara para galletas, poner la masa en una bandeja para hornear engrasada con aceite o forrada con papel pergamino. Presionar cada cucharada para formar una forma similar a la de un disco de hockey.
7. Hornear durante 10-12 minutos hasta que los bordes se doren.

## PROCESS

1. Preheat oven to 180° C.
2. In a bowl, whisk together the oats, oat flour, baking soda, cinnamon, and sea salt until well combined; set aside.
3. Mix the eggs, vanilla, coconut sugar, coconut oil, and maple syrup in a separate bowl.
4. Slowly fold the flour mixture into the bowl with the eggs, stir until no flour clumps remain.
5. Stir in the chocolate chips.
6. Using a cookie scoop, scoop the dough onto a baking sheet greased with oil or lined with parchment paper. Pat down each scoop to form a hockey puck-like shape.
7. Bake for 10 - 12 minutes until the edges turn golden brown.

# Galletas mantequilla de maní [ Peanut butter cookies]

## INGREDIENTES/ INGREDIENTS

- 1 taza de mantequilla de maní o mantequilla de frutos secos de su elección.
- ½ Taza de azúcar de coco.
- 1 Huevo.
- 1 cucharadita de vainilla.
- 1 Cucharadita de bicarbonato de sodio.
- ¼ Cucharadita de sal marina.
- ½ Taza de chispas de chocolate o sus complementos favoritos.

———————————

- 1 taza de mantequilla de maní o mantequilla de frutos secos de su elección.
- ½ Taza de azúcar de coco.
- 1 Huevo.
- 1 cucharadita de vainilla.
- 1 Cucharadita de bicarbonato de sodio.
- ¼ Cucharadita de sal marina.
- ½ Taza de chispas de chocolate o sus complementos favoritos.

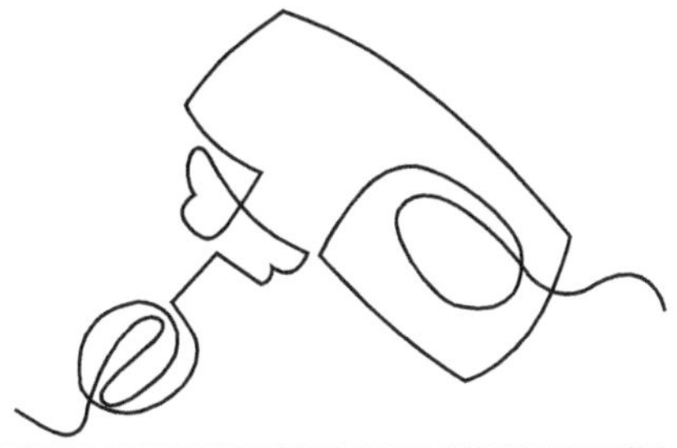

## PROCESO

1. Precalentar el horno a 180°C.
2. En un bol, mezclar la mantequilla de cacahuete, el azúcar de coco, el huevo, la vainilla, el bicarbonato y la sal marina hasta que esté cremoso.
3. Incorporar las pepitas de chocolate.
4. Con una cuchara, formar bolas con la masa y presionarlas para que parezcan un disco de hockey, colocarlas en una bandeja de horno engrasada y hornearlas durante 9-11 minutos.
5. Dejar enfriar antes de sacarlas de la bandeja.
6. Guardar en un recipiente hermético hasta una semana en la nevera o 5 días en la encimera.

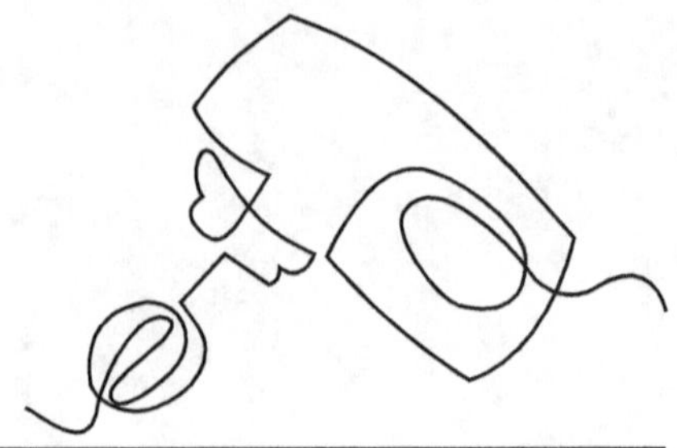

## PROCESS

1. Preheat oven to 180°C.
2. In a bowl, mix peanut butter, coconut sugar, egg, vanilla, baking soda, and sea salt until creamy.
3. Fold in chocolate chips.
4. Using a spoon, form the batter into balls then press down so they look like a hockey puck, place on greased cookie sheet, and bake for 9-11 minutes.
5. Let cool before taking off cookie sheet.
6. Store in airtight container for up to a week in the fridge or 5 days on the counter.

## INGREDIENTES/ INGREDIENTS

- 1 - 1/2 Taza de harina de almendras.
- 4 Cdas de azúcar de coco.
- 4 Cdas de aceite de coco derretido.
- 1/2 Taza de chips de chocolate.
- 1 Cdita de vainilla.
- 1 Cda de bebida vegetal o leche.

---

- 1 - 1/2 Cup of almond flour.
- 4 Tablespoons of coconut sugar.
- 4 Tablespoons of melted coconut oil.
- 1/2 Cup chocolate chips.
- 1 Teaspoon vanilla.
- 1 Tbsp vegetable drink or milk.

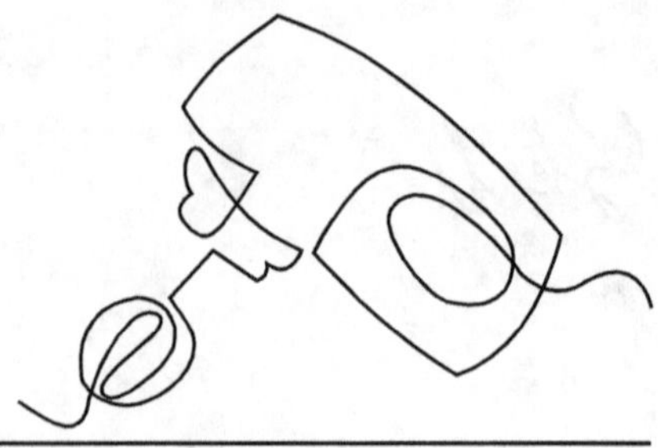

## PROCESO/ PROCESS

1. Precalentar el horno a 180° C.
2. Mezclar todos los ingredientes en un bol hasta incorporarlos bien.
3. Colocar la masa en el molde.
4. Hornear a 180° C por 20 min aproximadamente.
5. Servir con helado.

---

Preheat the oven to 180° C.
2. Mix all ingredients in a bowl until well incorporated.
3. Place the dough in the mold.
4. Bake at 180° C for approximately 20 minutes.
5. Serve with ice cream.

# 04

## Brownies

# *Avo-Brownies*

## INGREDIENTES/ INGREDIENTS

- 1 Aguacate hass.
- 2 Huevos.
- 1 Cda de aceite de coco derretido.
- 2 Cdas de mantequilla de maní.
- 1/3 Taza de maple o azúcar de coco.
- 1/2 Taza de harina de avena.
- 1/2 Cdita de polvo de hornear.
- 1/4 Taza de cacao en polvo.

---

- 1 Avocado hass.
- 2 Eggs.
- 1 Tablespoon of melted coconut oil.
- 2 Tablespoons of peanut butter.
- 1/3 Cup maple or coconut sugar.
- 1/2 Cup oat flour.
- 1/2 Teaspoon baking powder.
- 1/4 Cup cocoa powder.

## PROCESO/ PROCESS

1. Precalentar el horno a 180° C.
2. Procesar todos los ingredientes hasta obtener una mezcla homogénea.
3. Esparcir la mezcla sobre un molde rectangular.
4. Añadir los toppings deseados como mantequilla de maní o trozos de nueces.
5. Hornear 15 - 20 min aproximadamente.
6. Dejar reposar y cortar en cuadrados.
7. Retirar del molde cuando estén fríos.

---

1. Preheat the oven to 180° C.
2. Process all the ingredients until a homogeneous mixture is obtained.
3. Spread the mixture on a rectangular mold.
4. Add desired toppings such as peanut butter or nut pieces.
5. Bake for approximately 15 - 20 minutes.
6. Let stand and cut into squares.
7. Remove from the mold when cool.

# Brownies

---

## INGREDIENTES/ INGREDIENTS

- 1 Pizca de sal.
- 1/2 Taza de harina de almendras.
- 1 Cdita de extracto de vainilla.
- 1/2 Cdita de polvo de hornear.
- 1/4 Taza de cacao en polvo.
- 3 Huevos a temperatura ambiente.
- 3/4 Taza de endulzante.
- 3/4 Taza de mantequilla de alguna nuez.
- Toppings.

---

- 1 Pinch of salt.
- 1/2 Cup of almond flour.
- 1 Teaspoon vanilla extract.
- 1/2 Teaspoon baking powder.
- 1/4 Cup cocoa powder.
- 3 Eggs at room temperature.
- 3/4 Cup sweetener.
- 3/4 Cup of some nut butter.
- Toppings.

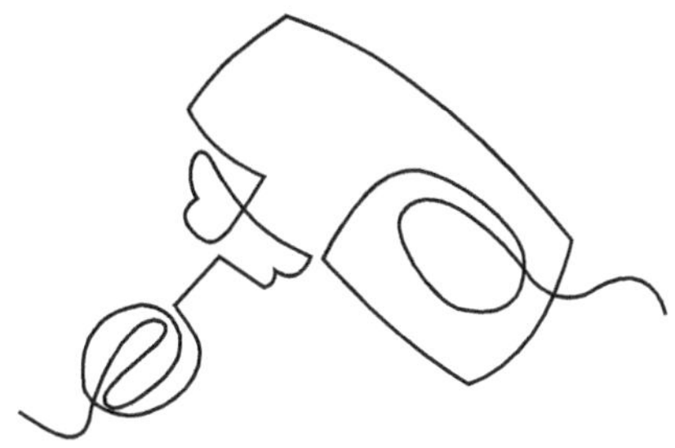

## PROCESO

1. Precalentar el horno a 180° C.
2. Cubrir el molde con papel parafinado.
3. En un bol mezclar todos los ingredientes húmedos.
4. Sobre la mezcla, tamizar todos los ingredientes secos.
5. Incorporar bien y verter la mezcla en el molde.
6. Hornear 15 - 20 min aproximadamente o hasta que al insertar un palillo salga limpio.
7. Sacar con cuidado del molde y dejar enfriar sobre una rejilla.
8. Agregar toppings y porcionar.

- Cúbrelos con chocolate semiamargo.
(Derretir 80gr de chocolate semiamargo con 1 Cda de aceite de coco, cubrir lo brownies, reservar 10 min en la nevera y después porcionar).

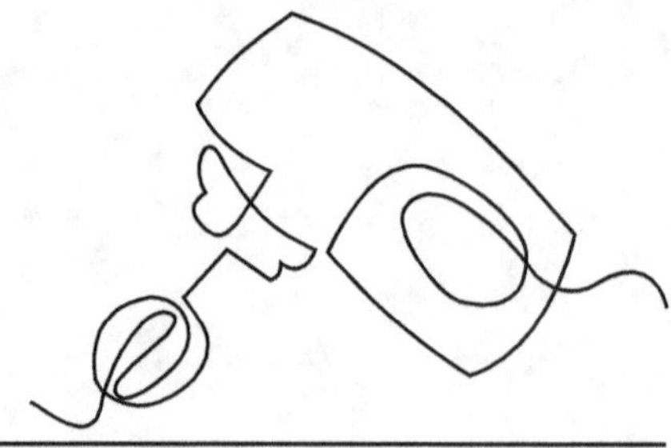

## PROCESS

1. Preheat the oven to 180° C.
2. Cover the baking pan with waxed paper.
3. In a bowl mix all the wet ingredients.
4. Sift all the dry ingredients over the mixture.
5. Incorporate well and pour the mixture into the mold.
6. Bake for approximately 15 - 20 minutes or until a toothpick comes out clean when inserted.
7. Carefully remove from the mold and let cool on a wire rack.
8. Add toppings and portion.

- Cover with semi-sweet chocolate.
(Melt 80 grams of semi-sweet chocolate with 1 tablespoon of coconut oil, cover the brownies, set aside 10 minutes in the refrigerator and then portion).

# Brownies con banana
# [ Brownies with banana ]

---

## INGREDIENTES/ INGREDIENTS

- 2 Bananas maduras.
- 2 Huevos.
- 1/2 vaso de bebida vegetal o leche.
- 2 Cdas de miel o endulzante.
- 1 Taza de avena en hojuelas.
- 1/4 Taza de cacao.
- 1 Cdita de polvo para hornear.
- 1 Pizca de sal.
- 1 Cdita de esencia de vainilla.

---

- 2 Ripe bananas.
- 2 Eggs.
- 1/2 Glass of vegetable drink or milk.
- 2 Tablespoons honey or sweetener.
- 1 Cup of oat flakes.
- 1/4 Cup cocoa.
- 1 Teaspoon of baking powder.
- 1 Pinch of salt.
- 1 Teaspoon vanilla essence.

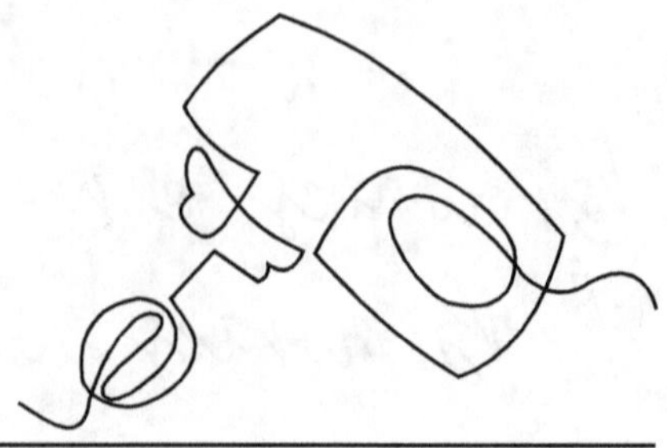

## PROCESO

1. Precalentar el horno a 180° C.
2. Hacer puré las bananas.
3. En un bol mezclar el puré de banana, los huevos, el endulzante y la bebida vegetal o leche.
4. Añadir la esencia de vainilla, el cacao en polvo, la avena, el polvo para hornear y la pizca de sal.
5. Dejar reposar la mezcla 10 min aproximadamente.
6. Colocar la mezcla en el molde y hornear 15 - 20 min aproximadamente.
7. Dejar reposar, porcinar y servir acompañado de los toppings favoritos.

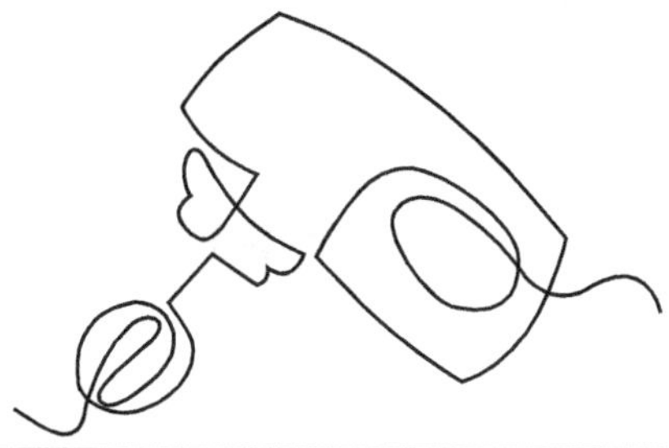

## PROCESS

1. Preheat the oven to 180° C.
2. Mash the bananas.
3. In a bowl, mix the mashed banana, eggs, sweetener and vegetable drink or milk.
4. Add the vanilla essence, cocoa powder, oatmeal, baking powder and pinch of salt.
5. Let the mixture stand for about 10 minutes.
6. Place the mixture in the mold and bake for approximately 15 - 20 minutes.
7. Let stand, porcinate and serve with your favorite toppings.

# 05

## Para el desayuno/ For breakfast

# Waffles de banana
## [ Banana waffles ]

## INGREDIENTES/ INGREDIENTS

- 1 Banana madura.
- 2 Huevos.
- 1/2 Taza de harina de avena.
- 1/2 Cdita de polvo de hornear.
- Canela al gusto.
- Endulzante al gusto (No es necesario).

---

- 1 Ripe banana.
- 2 Eggs.
- 1/2 Cup of oat flour.
- 1/2 Teaspoon baking powder.
- Cinnamon to taste.
- Sweetener to taste (Not necessary).

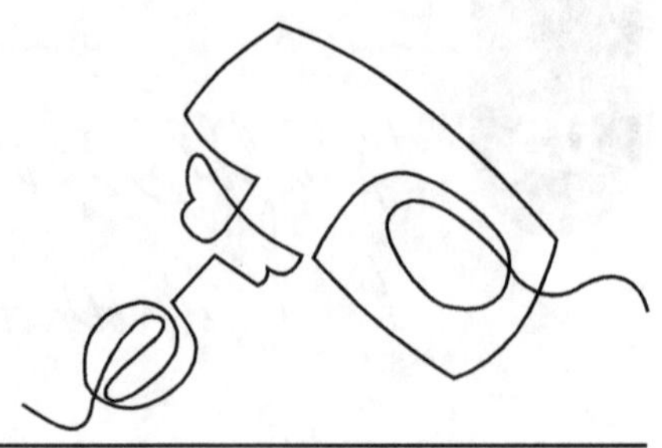

## PROCESO

1. Hacer puré la banana.
2. Agregar el huevo y batir hasta incorporar bien.
3. Agregar el polvo de hornear, la canela y el aenulzante al gusto.
4. Añadir la harina de avena.
- Agregar a la mezcla arándanos frescos, chips de chocolate amargo o una cda de cacao en polvo si se desea.
5. Agregar la mezcla a la wafflera previamente engrasada o a un sartén para hacer pancakes.
6. Servir acompañado de fruta con mantequilla de maní y mermelada casera. (Toppings de preferencia).

Mermelada casera:
- 2 Tazas de fruta. 1/2 Taza de azúcar de coco. 1/4 Taza de agua. Canela al gusto.
- Llevar todo a fuego lento hasta que espese (No tapar, revolver constantemente). Dejar enfriar y envasar en un recipiente de vidrio.

## PROCESS

1. Mash the banana.
2. Add the egg and beat until well incorporated.
3. Add the baking powder, cinnamon and sweetener to taste.
4. Add the oat flour.
- Add fresh blueberries, dark chocolate chips or a tablespoon of cocoa powder to the mixture if desired.
5. Add the mixture to a greased waffle iron or pancake pan.
6. Serve with peanut butter fruit and homemade jam.
(Toppings preferred).

Homemade jam:
- 2 Cups of fruit. 1/2 cup coconut sugar. 1/4 cup water. Cinnamon to taste.
- Bring everything over low heat until it thickens (Do not cover, stir constantly). Let cool and pack in a glass container.

# Crepes de avena
## [ Oatmeal crepes ]

## INGREDIENTES/ INGREDIENTS

- 1 Huevo.
- 1/2 Taza de harina de avena.
- 200 ml de bebida vegetal.
- Esencia de vainilla (Al gusto. Opcional).
- Endulzante (Al gusto. Opcional).

---

- 1 Egg.
- 1/2 Cup of oat flour.
- 200 ml of vegetable drink.
- Vanilla essence (To taste. Optional).
- Sweetener (To taste. Optional).

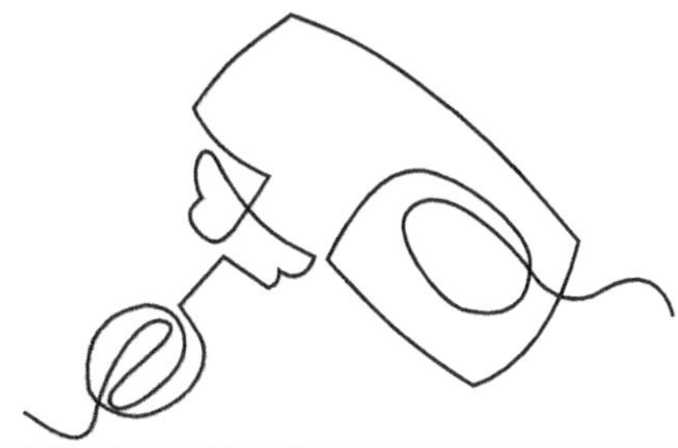

## PROCESO

1. Mezclar la harina de avena tamizada con la bebida vegetal e incorporar bien.
2. Agregar la esencia de vainilla y el endulzante (Opcional).
3. Añadir el huevo.
4. Dejar reposar la mezcla mínimo 15 min.
5. Verter 1/4 de la mezcla en un sartén antiadherente previamente engrasado y caliente.
(Debe quedar una capa delgada, mover el sartén en movimientos circulares para distribuir la mezcla).
6. Dar vuelta cuando los bordes se despeguen del sartén.
7. Colocar sobre una rejilla y repetir el proceso.
8. Servir como se prefiera.

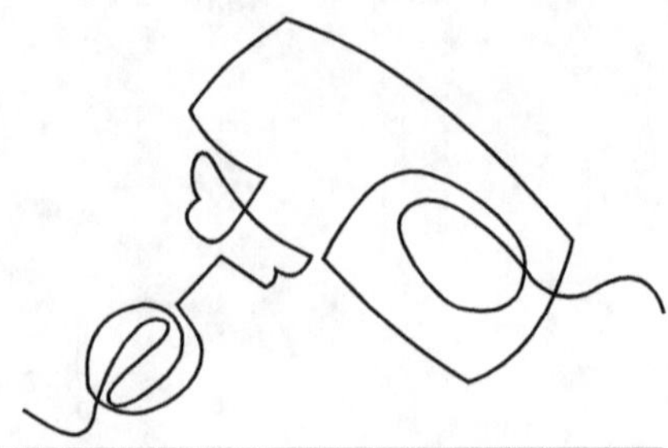

## PROCESS

1. Mix the sifted oat flour with the vegetable drink and incorporate well.
2. Add the vanilla essence and the sweetener (Optional).
3. Add the egg.
4. Let the mixture stand for at least 15 minutes.
5. Pour 1/4 of the mixture into a previously greased and heated non-stick pan.
(There should be a thin layer, move the pan in circular movements to distribute the mixture).
6. Turn over when the edges come away from the pan.
7. Place on a wire rack and repeat the process.
8. Serve as preferred.

# Granola

---

## INGREDIENTES/ INGREDIENTS

- 2 Tazas de avena en hojuelas.
- 1 Taza de almendras.
- 1/4 Taza de semillas de linaza.
- 1 Cda de cacao en polvo.
- 2 Cdas de mantequilla clarificada o aceite de coco.
- 1 Pizca de sal.
- Endulzante al gusto.

---

- 2 Cups of oat flakes.
- 1 Cup of almonds.
- 1/4 Cup flax seeds.
- 1 Tbsp cocoa powder.
- 2 Tablespoons clarified butter or coconut oil.
- 1 Pinch of salt.
- Sweetener to taste.

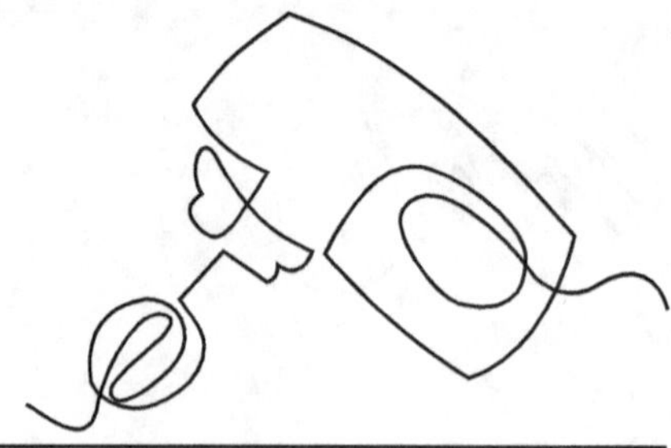

## PROCESO/ PROCESS

1. Mezclar todos los ingredientes en un bol.
2. Colocar la mezcla a lo largo de una bandeja previamente engrasada o con un tapete de silicona.
3. Hornear 10 min aproximadamente a 180° C. (Precalentar el horno).
4. Dejar enfriar.
5. Agregar chips de chocolate amargo, nibs de cacao o frutos deshidratados.
6. Envasar en un recipiente de vidrio.

---

1. Mix all ingredients in a bowl.
2. Place the mixture along the length of a greased baking pan or a silicone mat.
3. Bake for approximately 10 minutes at 180° C (Preheat the oven).
4. Allow to cool.
5. Add bitter chocolate chips, cocoa nibs or dried fruits.
6. Pack in a glass container.

# Pretzels

---

## INGREDIENTES/ INGREDIENTS

- 1 - 1/2 Taza de harina de almendras.
- 1 Taza de harina de avena.
- 3 Tazas de queso mozzarella.
- 2 Huevos.
- 1/2 Cdita de azúcar de coco.
- 1/4 Taza de agua tibia.
- 2 Cditas de levadura.
- 1 Cda de polvo para hornear.
- 1/4 Cdita de sal.

---

- 1 - 1/2 Cup of almond flour.
- 1 Cup of oat flour.
- 3 Cups of mozzarella cheese.
- 2 Eggs.
- 1/2 Teaspoon coconut sugar.
- 1/4 Cup warm water.
- 2 Teaspoons of yeast.
- 1 Tbsp baking powder.
- 1/4 Teaspoon salt.

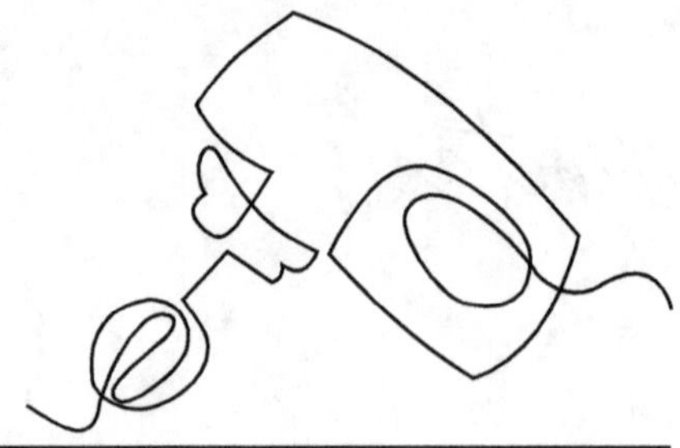

## PROCESO

1. En un bol mezclar el azúcar de coco, el
agua tibia y la levadura.
Dejar actuar 10 min.
2. Derretir el queso.
3. Mezclar todos los ingredientes incluyendo
el queso y la mezcla de levadura hasta
obtener una masa manejable.
4. Estirar la masa con las manos y enrollar en
forma de cilindro.
5. Cortar en 5 porciones.
6. Armar los pretzels y con una brocha
aplicar un poco de aceite de oliva y sal.
7. Hornear 10 min a 200° C
aproximadamente.
(Precalentar el horno).

- Agregar más harina o derretir la mezcla si
es necesario para formar los pretzels.

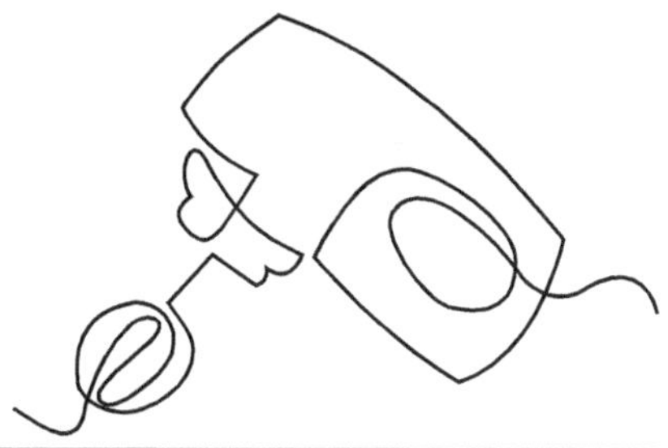

## PROCESS

1. In a bowl, mix the coconut sugar, warm
water and yeast.
Let it act for 10 min.
2. Melt the cheese.
3. Mix all the ingredients including the
cheese and the yeast mixture until you
obtain a manageable dough.
4. Stretch the dough with your hands and
roll it into a cylinder.
5. Cut into 5 portions.
6. Assemble the pretzels and with a brush
apply a little olive oil and salt.
7. Bake for 10 minutes at 200° C
approximately.
(Preheat the oven).

- Add more flour or melt the mixture if
necessary to form the pretzels.

# Pan harina de almendras [ Almond flour bread ]

## INGREDIENTES/ INGREDIENTS

- 1 Huevo.
- 1 Cda de aceite de oliva.
- 1/3 Taza de harina de almendras.
- 1/2 Cdita de polvo de hornear.
- Sal al gusto.
- Especias (Opcional).

---

- 1 Egg.
- 1 Tablespoon of olive oil.
- 1/3 Cup of almond flour.
- 1/2 Teaspoon baking powder.
- Salt to taste.
- Spices (Optional).

## PROCESO/ PROCESS

1. En un bol batir el huevo.
2. Agregar el aceite de oliva, la harina de almendras, el polvo de hornear, la sal y las especias (opcional).
3. Verter la mezcla en un molde o recipiente apto para microondas y llevar allí por 1 - 1 1/2 min aproximadamente.
4. Cortar en dos tajadas y preparar emparedados al gusto.

———————————————

1. In a bowl beat the egg.
2. Add the olive oil, almond flour, baking powder, salt and spices (optional).
3. Pour the mixture into a microwave-safe pan or container and microwave for approximately 1 - 1 1/2 minutes.
4. Cut in two slices and prepare sandwiches as desired.

*Otros/ Others*

Helado de chocolate
[ Chocolate ice cream ]

## INGREDIENTES/ INGREDIENTS

- 3 Bananas maduras congeladas.
- 1/4 Taza de bebida vegetal o leche.
- 2 Cditas de vainilla.
- 2 Cdas de cacao en polvo.
- Chips de chocolate, Maní, Galletas (Opcional).

---

- 3 Frozen ripe bananas.
- 1/4 Cup of vegetable drink or milk.
- 2 Teaspoons vanilla.
- 2 Tablespoons cocoa powder.
- Chocolate chips, peanuts, cookies (optional).

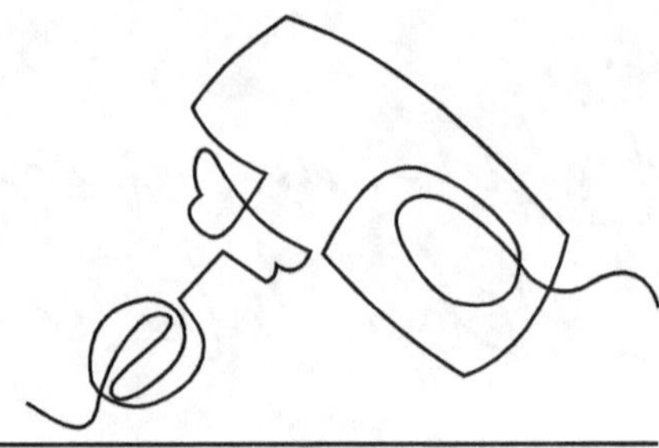

## PROCESO/ PROCESS

1. Llevar todos los ingredientes a la licuadora
hasta incorporarlos bien.
2. Colocar la mezcla en un recipiente y
agregar los toppings seleccionados.
3. Llevar al congelador.

———————————

1. Place all ingredients in a blender until well
incorporated.
2. Place the mixture in a bowl and add the
selected toppings.
3. Transfer to the freezer.

## Chocolate caliente
## Hot chocolate

---

## INGREDIENTES/ INGREDIENTS

- Malvaviscos
- 1 Pizca de sal.
- 1/4 Cdita de clavo en polvo.
- 1/2 Cdita de canela en polvo.
- 1/4 Cdita de jengibre en polvo.
- 1 Cdita de extracto de vainilla.
- 2 Tazas de bebida vegetal o leche.
- 2 Cdas de cacao en polvo.
- 1/4 Cdita de cardamomo en polvo.
- 2 Cdas de chips de chocolate semiamargo.
- Endulzante al gusto.

# INGREDIENTES/ INGREDIENTS

- Marshmallows
- 1 Pinch of salt.
- 1/4 Teaspoon of clove powder.
- 1/2 Teaspoon cinnamon powder.
- 1/4 Teaspoon powdered ginger.
- 1 Teaspoon vanilla extract.
- 2 Cups of vegetable drink or milk.
- 2 Tbsp cocoa powder.
- 1/4 Teaspoon of cardamom powder.
- 2 Tablespoons of semi-sweet chocolate chips.
- Sweetener to taste.

## PROCESO/ PROCESS

1. Agregar todos los ingredientes a una
cacerola (excepto los malvaviscos).
2. Cocinar a fuego medio mezclando los
ingredientes hasta incorporarlos por
completo.
3. Servir y agregar los malvaviscos.

————————————

1. Add all ingredients to a saucepan (except
marshmallows).
2. Cook over medium heat, stirring the
ingredients until fully incorporated.
3. Serve and add marshmallows.

# Postre moca
## [ Mocha dessert ]

## INGREDIENTES/ INGREDIENTS

- Para la base:
- 1 Taza de mantequilla de alguna nuez.
- 2 Cdas de aceite de coco derretido.
- 1/2 Taza de harina de almendras.
- Endulzante al gusto (Opcional).
- 1 Cda de esencia de vainilla.

- Para la mezcla:
- 1 Sobre de gelatina sin sabor.
- 1 Taza de agua tibia.
- 1 Yogur griego.
- 1 Cda de vainilla.
- 2 Cdas de cacao en polvo.
- 2 Cdas de café instantáneo.
- Endulzante al gusto.

# INGREDIENTES/ INGREDIENTS

- For the base:
- 1 Cup of some nut butter.
- 2 Tablespoons of melted coconut oil.
- 1/2 Cup of almond flour.
- Sweetener to taste (Optional).
- 1 tablespoon vanilla essence.

- For the mixture:
- 1 Envelope of unflavored gelatin.
- 1 Cup of warm water.
- 1 Greek yogurt.
- 1 Tablespoon vanilla.
- 2 Tablespoons cocoa powder.
- 2 Tablespoons of instant coffee.
- Sweetener to taste.

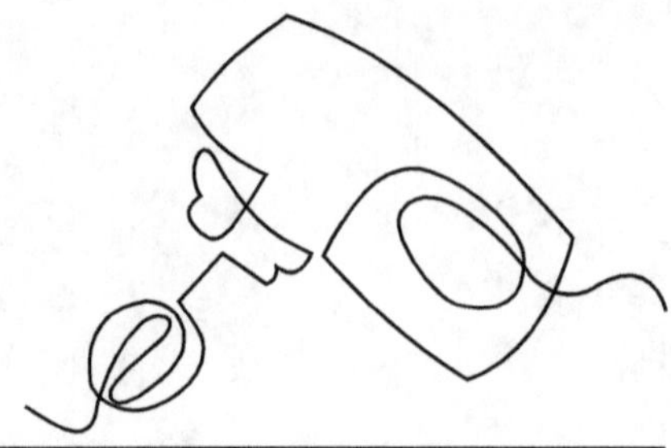

## PROCESO

Para la base:
1. Mezclar todos los ingredientes en un procesador.
2. Formar 'galletas' y hornear 20 min a 180° C aproximadamente.
3. Triturar las galletas y colocar como base en un molde.

Para la mezcla:
1. Mezclar todos los ingredientes hasta incorporarlos bien.
2. Verter la mezcla sobre la base de galleta.
3. Refrigerar toda la noche.
4. Colocar crema de chocolate o avellanas sobre el postre (Opcional).

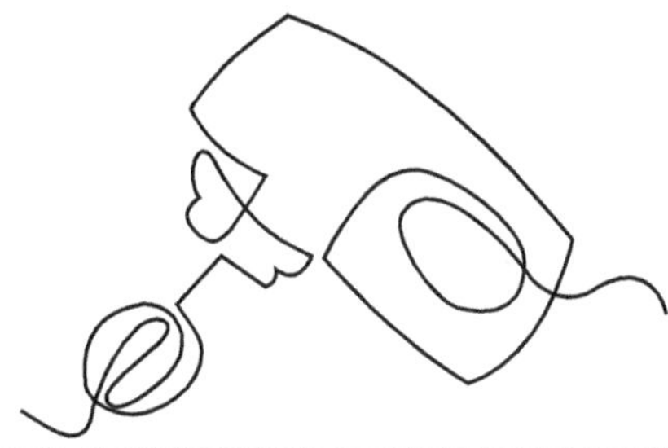

## PROCESS

PFor the base:
Mix all ingredients in a food processor 1.
2. Form into cookies and bake for 20
minutes at approximately 180° C (350° F).
3. Crush the cookies and place as a base in a
mold.


For the mixture:
1. Mix all the ingredients until well
incorporated.
2. Pour the mixture over the cookie base.
3. Refrigerate overnight.
4. Top dessert with chocolate or hazelnut
spread (Optional).

# Bocados de energía
## [ Energy bites ]

---

## INGREDIENTES/ INGREDIENTS

- 2 Tazas de avena en hojuelas.
- 1/4 Taza de linaza.
- 1/2 Taza de semillas de girasol.
- 1/2 Taza de coco deshidratado.
- 1 Taza de mantequilla de maní.
- 2 Cdas de miel.

---

- 2 Cups of oat flakes.
- 1/4 Cup flaxseed.
- 1/2 Cup sunflower seeds.
- 1/2 Cup dehydrated coconut.
- 1 Cup peanut butter.
- 2 Tablespoons of honey.

## PROCESO/ PROCESS

1. Tostar en un sartén a fuego medio las
semillas de girasol y las hojuelas de avena.
2. Dejar reposar.
3. En un bol mezclar todos los ingredientes,
reservando la mitad del coco deshidratado.
4. Hacer 'bolitas' con la masa y pasarlas por
el coco.

––––––––––––––––––

1. Toast the sunflower seeds and oat flakes in
a frying pan over medium heat.
2. Let stand.
3. In a bowl mix all the ingredients, reserving
half of the desiccated coconut.
4. Make small balls with the dough and roll
them in the coconut.

## INGREDIENTES/ INGREDIENTS

- 1 Taza de almendras.
- 1 Taza de maní.
- 1 Cda de estevia en polvo.
- 2 Cdas de cacao en polvo.
- 1 Pizca de sal.
- 1 Cdita de vainilla.

---

- 1 Cup of almonds.
- 1 Cup of peanuts.
- 1 Tbsp stevia powder.
- 2 Tablespoons cocoa powder.
- 1 Pinch of salt.
- 1 Teaspoon vanilla.

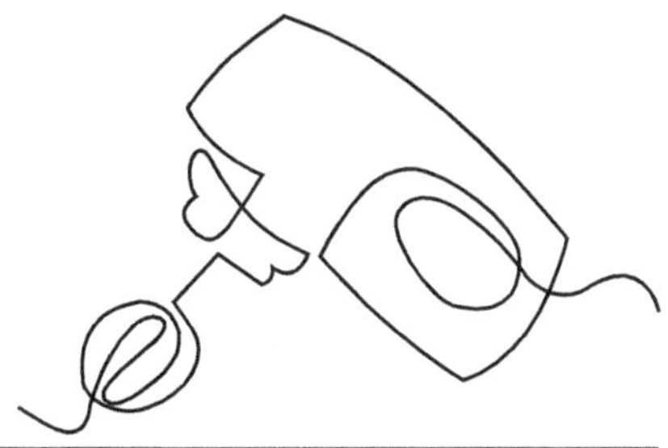

## PROCESO/ PROCESS

1. Tostar las almendras y el maní en un sartén o en el horno.
2. Procesar las almendras y el maní en la licuadora o en un procesador hasta obtener una textura suave.
(Tener paciencia y mover la mezcla con una espátula).
3. Agregar el resto de los ingredientes y procesar de nuevo.

———————————

1. Toast the almonds and peanuts in a frying pan or in the oven.
2. Process the almonds and peanuts in a blender or food processor until a smooth texture is obtained.
(Be patient and move the mixture with a spatula).
3. Add the rest of the ingredients and process again.